복사꽃과 잠자다

국립중앙도서관 출판예정도서목록(CIP)

복사꽃과 잠자다 : 박방희 시집 / 지은이: 박방희. -- 대전
: 지혜, 2016
p. ; cm. -- (지혜사랑 ; 147)

ISBN 979-11-5728-183-1 03810 : ₩9000

한국 현대시[韓國現代詩]

811.7-KDC6
895.715-DDC23 CIP2016011749

지혜사랑 147

복사꽃과 잠자다

박방희

지혜

시인의 말

나는 이 세상 누군가를 끊임없이 사랑했다

아는 사람은 물론
모르는 사람도 사랑했고
죽은 女子들과 함께
아직 세상에 태어나지 않은
少女들도 사랑하여
하늘에 대고 告白하곤 하였다

그때마다
저녁놀 붉게 피어
내 사랑처럼
천천히 저물었다

2016년 봄
박방희

차례

2부

3부

4부

• 일러두기

한 연이 첫 번째 행에서 시작될 때는 > 로 표시합니다.

1부

호박꽃

서역 어느 나라 왕자가 보낸 기별이 이제야 도착했구나!

공주는 죽어 능에 묻힌 지 오래인데…….

낯선, 낯설지 않은 골목

내 사무실 앞 대로 건너편에 가보지 못한 골목이 하나 있다 하루에 수만 대의 차들이 흘러드는 12차선 관통도로는 건너지 못하는 강이다 먼 다른 나라 같거나 다른 세상 같아 빤히 건너다보면서도 가보지 못하는 그 골목 안에도 사람이 살아 봄에는 화사한 꽃들 피어 마을을 이루고 아카시아 꽃향기 부신 날에는 루주 바른 줄장미 들이 담을 넘어 외출도 한다 여름엔 눈썹 짙은 미루나무 속에서 매미울음 길게 빨랫줄을 치면 그 위로 기저귀며 속옷 같은 빨래들 널리고 그걸 지우듯 소나기 쏟아지고 난 뒤 가끔씩 동그란 무지개 색칠한 듯 떠올라 누군가 하늘나라로 오고가고 한다 한 번도 이쪽 세상으로 건너오는 일 없이 늙은이들은 꽃상여를 타고 나가고 유치원 아이들은 노란 버스에 실려 어디론가 갔다가 돌아와 잠자리 쫓는 저녁답, 노점들 사이로 닭과 개들 어슬렁거리고 저녁 장 보러 나오는 주부들 바쁜 걸음 뒤로 퇴근한 어른들과 개구쟁이들 몰려나와 줄넘기도 하며 하루를 넘는 생활이 있다 가끔씩 골목 안 싸움 소리며 장사치들 확성기 소리도 꿈속인 듯 건너오고 비끼는 저녁놀에 더 환해지다가 이윽고 물빛 같은 어둠에 잠기며 그리움처럼 하나 둘 불 켜지는 그곳에 한 번 가보고 싶어도 가지 못한다 도도한 소리의 강, 마음의 강, 세월의 강에 막혀 끝내 가보지 못한다 늘 바라보고 건너다보면서도 마음뿐 가지 못한다 아득한 저 골목 안 내 잃어버린 시간 속에 그리운 여인이 아이들을 기르며 참말처럼 살고 있을지도 몰라 나는 감히 가보지

못한다 이미 끝난 내 전생이 아직도 그곳에 꽃 피고 있을지 몰라 가보지 못한다

오늘도 낯선, 그러나 낯설지 않은…….

한 아이가 꽃을 들여다보다

소녀는 女子 이전의 女子이다

소녀는 닫힌 존재이지만 제 안으로 드는 통로를 가지고 있다 그 통로에는 비밀스런 문이 있고 그 문은 잠겨 있어 자연의 때가 되지 않으면 누구도 그 문을 열 수 없다 때로 난폭한 침입자가 강제로 열고자 해도 문은 더욱 닫힐 뿐, 소녀의 문은 안에서 열지 않으면 부서지는 문이다

소녀는 原形인 女子이다
그래서 나는 세상의 모든 少女를 사랑한다

여남은 살쯤 되어 보이는 少女가 마당에 피어 있는 꽃을 들여다보고 있다 숨을 들이쉴 때마다 꽃의 붉은 기운이 소녀의 코와 입으로 기어들어 전신으로 퍼진다 숨을 내쉴 때는 소녀에게서 빠져나온 피가 꽃 속으로 스며들며 꽃에 붉은 색을 더 하고 뜨겁게 한다 소녀는 나비가 되어 꽃 위에 날개 접고 앉아 웃는다 그 웃음이 꽃잎에 주름을 지으며 땅으로 번지고 하늘로 번진다 그 바람에 소리를 토막 내며 공중을 날고 있던 헬리콥터가 기우뚱한다

피기 전의 꽃!
나는 小女를 사랑한다

조팝꽃

열일곱 내 소녀

4월 깊숙이 들어가
꽃 꺾어오다

작고 흰 점 총총한 조팝꽃

천길 낭에 붉게 핀
수로의 진달래 아닌

메밀꽃 같이
그저 하얀 꽃

네 마음이 스며
비로소 색을 얻은 꽃

밤새도록
지워지지 않는
달빛 같은 향기에

내 마음 휘어지다

끝나지 않은 사랑 이야기

백 선생의 사랑은 시작뿐인 사랑이었다 그녀의 사랑은 단 한 문장으로 써지다가 멈춰버린, 시작은 있으나 끝은 없는 문장이었다 그녀가 죽는다면 그녀의 사랑은 단 두 줄로 끝나버린 미완의 문장이 될 것이다 그녀 인생에는 기다림도 없었다 오직 이어지는 고통뿐이었다 우리는 백 선생의 사랑은 세상에서 제일 짧으면서도 긴, 오래 된 사랑의 하나라고 말하곤 했다

대학 2학년 때 그녀는 새로 강의를 맡은 젊은 교수와 사랑에 빠졌다 왜 아름다운 사랑은 자주 어긋나는지 알 수 없었다 서로의 존재에 대해 어쩔 수 없는 끌림과 열정으로 그들의 사랑은 불이 붙었다 교수의 젊은 아내는 두 사람의 관계를 알았고 그들의 사랑도 끝장났다 남자는 미국으로 이민 갔고 홀로 남은 그녀는 욕조에 들어가 손목의 동맥을 끊었다 따듯한 물로 채워진 그곳은 출생 전 집의 기억을 떠오르게 했다 편안했다 온몸의 피가 다 빠져나가며 만드는 붉은 무늬들을 보며 그녀는 아름다운 내 사랑 남김없이 꽃 피어라, 했다 눈을 떴을 때 그녀는 빈고치가 되어 있었고 온통 회색으로 채워진 자기의 삶을 보았다

아이들을 가르치며 혼자 사는 백 선생은 이제 올해로 쉰 한 살이 된다 우리는 그녀가 처녀로 늙는 것이 안타까워 결혼을 권하지만 그녀는 웃기만 한다 그것도 오래 전의 일, 이제는

그저 속절없이 그녀가 빨리 늙기를 바랄 뿐이다 그래야만 그녀의 사랑도 끝이 날 터이니까

우리가 해줄 수 있는 것도 단 하나 그녀와 함께 늙는 일 뿐…….

윤시내

내가 그대에게 줄 수 있는 것은 갈채뿐!

유등연지에서

그대가 연꽃 보러 가자 하였지요
'어쩜 한두 송이쯤 피었을지 몰라요'

비들이 뿌여이 산을 먹어 들어가고 이따금씩 듣는 빗방울로 물너울 둥글게 번지는 못엔 아직 패지 않은 갈대가 패지 않은 세월만큼 무성하다 물속에서 일어 잔잔한 주름을 만들며 부는 바람의 출처는 지난 세월인데 아직은 이른가 꽃피기에는, 연꽃 봉오리가 고개를 당긴다

초입에 몇 송이 연꽃 먼저 벙글어 손을 반긴다 부처가 앉을 자리에 마음이 앉는다 가장 존엄한 깃발을 날리는 깃봉처럼 수많은 꽃봉오리들이 가득하다 봉오리들 저마다 피어 오롯이 한 부처씩 좌정하면 온 연못이 부처의 자리이고 절이고 법당이리라 '밤에 피고 말 것 같아요, 우리가 가고 나면…….'

새벽 미명 속 물고기들이 아침을 깨우러 다닌다 고기의 보살행, 하나 둘 연꽃 봉오리가 발가이 피며 어둠을 밝힌다 점등의 순간순간이 더 환하다 이렇게 세상 어둠 밝아졌으면……. 내 어깨에 기댄 채 그대가 말한다 '진홍보다는 연분홍이 더 간절한 빛이네요!' 어둠을 열고 핀 연꽃 봉오리 저마다 법열의 궁전이다

익어 있는 물

팔공산 수태골에는 파란 물이 들어 있는 못이 있다 찰랑이는 물을 둑이 마치 어르듯 안고 있는데 아침에 산에 오를 때는 새파랗게 얼어 상당히 추워 보였다 까풀에 소름이 돋아나 있었던 것이다 오후에 내려올 때는 솔방울처럼 딱딱하게 굳어 있던 물이 땀 흘린 몸처럼 확- 풀려 있었다 말하자면 물이 따뜻하게 익어 있었던 것이다 누가 못물이 익, 었, 다, 라고 말한 것인데 풀린 물은 그새 늙어 주름이 많이 생겼다 품안을 벗어난 자잘한 잔물결들은 이제 걸음마를 떼는 새끼오리들처럼 못가에 나와 찰랑대며 놀고 있었다 낮에 못 안으로 들어온 해를 안아 수태가 된 못물도, 이윽고 어둠 속에 반짝이는 별을 낳아 놓으리라

헐티재를 넘다

세상에서 도망치고 싶을 때 우리는 차를 몰아 헐티재를 넘곤 했다 헐티재는 세상을 버리는 곳, 세상의 금기들이 더 이상 따라올 수 없는 소도처럼 금줄 친 곳, 세상을 떠나는 하늘 나루터 같은 곳이었으니…… 굽이굽이 몇 굽이 감아 오르고 다시 가파른 두어 굽이 솟아오르면 마침내 이 세상을 넘듯 넘을 수 있는 헐티, 둥실둥실 구름이 되고 달이 되고 별이 되어 저어갈 수 있는 곳, 그 너머 허브캐슬이 있고 밀다원이 있고 풍경소리 적요한 용천사도 있어 바람과 구름과 하늘이 쉬러 오는 또 다른 세상이니…… 뒤돌아보면 까마득히 주저앉은 세상, 참 우리가 높이도 올라오고 멀리도 떠나왔어라 우리의 생도 이쯤 왔을 테지, 등 뒤로 흘러가는 길 바라보며 이제 우리에게 희망이 있다면 돌아가는 길을 잊든지 잃어버리든지 둘 중 하나이라고 말하곤 하던…….

이 세상에 없는 곳

달성 조길방 가옥* 가는 길은 最頂山 줄기 6부 능선쯤 어디에서 갑자기 길을 버리며 이 세상 처음인 곳으로 들어간다 가히 山의 속, 속의 속이라 할 만하다 山은 그렇게 시침 뚝 떼고 완벽하게 속을 닫고 있어, 한 번도 당도하지 못한 길을 그 안으로 감추고 있었던 것이다

人跡은 있으나 아무도 없었다 빈 마을이 하나 돌아앉아 있어 묵은 세월이 오래 꽃 피고 있었다 아니 한 세월이 고여 있었다 아주 진한 牧丹花가 크게 피어 있었고 어디 멀리 西域으로 가는 길이 너머로 보였다 산등성이 겹겹 흐르며 딴 세상을 열고 마을로 오르는 길엔 覆盆子가 무리 지어 붉었다 흐르지 않는 개울은 무성한 어둠이 엎드려 오동나무가 보라색 등을 켜고 있었다 호두나무는 둥그런 잎사귀 사이로 열매를 키우고 아직 푸르고 작은 열매 속에서는 알록달록 소리가 들려왔다 매미 소리가 길게 흰 선을 그으며 날아가고 바람이 더께 앉은 세월을 깨워내자 가끔씩 수탉이 때를 알리며 울었다

난리를 피해 食率을 이끌고 들어와 하늘 잠그고 땅 잠그고 마음 잠그고 산 3백년이 하루와 다르지 않았다 한세월 한마당 한하늘 한 사람이었다 홰를 치는 수탉이 어느 해의 나절을 울자, 2백년을 흘러온 희미한 물소리가 귀를 간질인다 하늘에 금을 치는 비행기는 금세 다른 세상으로 날아가 過去가 되고…….

>

한 꽃이 지고 나면 다른 꽃 열리듯,

그대와 나, 그렇게 세상에 문 닫고 들어와 앉으면 또 한 세상 새로 열리는 것을!

* 달성 조길방 가옥 達城 趙吉芳 家屋 : 대구광역시 달성군 가창면 정대리에 있는 조선 후기의 민간가옥이다. 높이가 해발 800미터나 되고 경사가 급한 산마루에 자리 잡은 이 집은, 현재 여섯 집이 남은 이 마을에서 가장 오래된 건물로 중요민속자료 200호이다.

백내白川

어느 해 여름 장마에 큰물이 지고 백내 황톳물이 학교 가는 길을 가로막아 그 도도한 흐름 앞에 망연히 서 있을 때, 임께서 함께 건너자며 손 내밀었지요. 가늘고 긴 팔뚝으로 파르라니 또 다른 강이 흐르는데 그 손 잡고 둥둥 허리까지 차오는 물 건넜지요. 물 다 건너면 잡은 손 놓아야 된다는 생각에 아득히 손 잡고 떠내려갔으면 했지요. 우리 20리 등하굣길 둑에 핀 두 떨기 꽃처럼 한정 없이 떠내려가 먼먼 바다에 가 닿아도 좋으리라 생각했지요. 젖은 교복치마 내리며 임은 내게 미소 지어 보이곤 돌아서 갔지요. 그때 우리가 건넌 게 그저 백내의 냇물뿐이었는지, 우리 인연의 한 굽이를 건너거나 이승의 한 생을 건넌 것은 아니었는지, 그 여름 손잡고 내 건너던 때 생각하며 멍하니 오래 서 있곤 하지요. 새하얀 팔뚝에 흐르던 파란 정맥의 강이 내게로 흘러 들어와 내 몸은 언제나 임 있는 쪽으로 열리는데, 임께선 언제 돌아와 이승의 못다 건넌 내 마저 건너려는지, 혼자서는 못 가 닿을 피안으로 임 손잡고 건너갈 꿈꾸며 아직도 까까머리 중학생은 그 냇가에 서 있는데…….

복사꽃과 잠자다

산에서 길을 잃고 헤매다 어느 골짜기에 이르러 난데없이 환한 복사꽃나무를 만났습니다 오래 전부터 서 있었으나 아무도 보는 이 없이 혼자 꽃 피고 지기를 거듭했을 그 나무, 올해도 안심하고 알몸으로 환하게 꽃 피어 있다가 나에게 들킨 것입니다 순간, 꽃들이 화들짝 놀라며 온몸에 두드러기라도 인 듯이 붉어졌습니다 더 환하고 향긋한 꽃빛 바람이 일었고 수천 송이 꽃들은 불 켜진 듯 밝았습니다 크고 작은 벌들 붐빔 속에서 무슨 천상의 음악 같은 것이 하늘의 가락으로 흐릅니다 나는 꽃그늘에 앉아 빛과 향에 취해 혼곤한 잠에 빠지고 붕붕거리는 금빛 벌이 되어 꽃 속으로 날아들었습니다. 복사꽃 한 송이 송이가 얼굴을 갖고 있어 저마다 나를 보고 웃습니다 나는 방실거리는 꽃 하나하나에 입 맞추었는데 그때마다 달콤한 꿀이 입안으로 들어와 술 취한 듯했습니다 꿈속에 또 꿈을 꾸었는데 족두리 쓴 신부가 혼례청에서 기다리고 있다가 방긋 입을 열어 말했습니다 "기다린 지 백년이 되었어요. 올해도 그냥 저무나 했는데 낭군께서 오셨으니 이제 열매를 맺을 수 있겠습니다." 옷깃에 스미는 바람이 서늘하였습니다 눈을 뜨니 어느 새 산그늘이 내리고 해님도 산 너머로 숨었습니다 정신을 수습하여 산을 내려오는 동안 깜깜하게 혼자 저물어야 할 나무 생각에 몇 번인가 뒤돌아보았습니다

봄이 가고 여름이 왔습니다 다시 그 산에 올라 헤매다 그

나무 만났습니다

치렁한 가지마다 올망졸망 매달려 어미젖을 빨고 있는 앙증스런 열매들 보았습니다 어찌나 사랑스럽던지! 마치 핏줄을 만난 듯 나는 가슴이 뜨거워졌습니다

죽어도 좋은 사랑

사랑을 느낀 수사마귀 한 마리가
암사마귀에게로 다가갔습니다

그 뒤는 아무도 모릅니다

2부

나비

— 美대륙 北端에서 날개를 편 나비 떼는 구름처럼 자욱이 떠올라 6, 7천 킬로미터나 되는 대륙 南端을 향하여 무리 지어 날아간다. 따듯한 곳을 향하는 힘은 그처럼 强하다.

남산동 어느 요정에는 나비 날개로 만든 나비 액자가 걸려 있다 저 액자 속의 나비는 수만 개의 날개로 왜 날아가지 않지? 액자 밖으로 훨훨 날아올라 유채꽃 핀 마을을 왜 찾아가지 않지? 내가 묻자, 시중드는 아가씨가 한숨을 쉬며 말했다 아저씨도 참 순진하셔 날개가 있어도 날아가지 못하는 게 어디 나비뿐인가요? 그런데 아저씨, 잘 보세요! 시방 저 날개 소리 들리지 않으세요? 본디 나는 게 날개라서 지금도 날고 있잖아요 끊임없이 날던 날개로 죽어서도 날고 있는데 안 보이세요? 날개옷을 입은 아가씨가 나비처럼 훨훨 나는 시늉을 하며 말했다 어, 그러네 그런데 우리 나비 아가씨는 왜 날아가지 않지? 날아날아 여기까지 왔는걸요 아저씨 같은 장다리꽃을 찾아서요

그 순간, 수만 개의 날개 소리가 나며 액자 속의 나비가 날아오르기 시작했다 그 소리에 실려 잠자리 날개옷을 입은 그녀도 나도 세상 밖으로 아득히 날아올랐다

사과를 먹다

예쁜 사과 한 알을 집었습니다 첫눈에도 먹음직스럽게 잘 익은, 보기만 해도 좋은 볼이 붉은 사과였어요 방금 과원에서 따와, 처녀성과 함께 우주의 비의를 간직한 햇사과입니다

두 손으로 보듬고 흐르는 물에 깨끗이 씻습니다 무슨 의식같이, 거듭 씻어내니 속에 든 붉은 기운과 향이 바깥으로 우러나며 부끄러운 듯, 그만 내 손길 안에서 첫날밤 새색시처럼 웃습니다

과도는 멀찌감치 치워 버렸습니다 맨살의 합일만이 아름다울 것입니다 먼저 매끄러운 살갗의 감촉과 손안 가득 차오는 풍만감을 취하고 코끝으로 전해오는 과육의 풍미와 향기를 마시며 덥석, 한입 깨물었습니다

이제 사과가 나를 취할 때입니다 나도 내 몸의 세포들을 열어 사과를 받아들입니다 내 입안으로 들어와 천천히 몸속으로 퍼져 나가며 사과가 나를 먹는 동안, 사과 속에 깃든 태양과 바람, 달과 별, 구름이 따라 들어와 내 안의 우주가 충만해집니다

그 순간, 내 몸은 사과의 살과 즙으로 향긋하게 차오르며 보름달처럼 환해졌습니다 이제 나는, 사과와 내가 내 안에서 온전한 일치를 이루어 한 몸이 되었음을 깨달으며 서서히 사과가 꾸던 꿈을 꾸기 시작합니다

선주사 동백

선주사에 가서 보았습니다
내 사랑 거기 동백꽃으로 피어 있는 것을

신라 백제 수백 리 길 지척이듯
그대 내 속에 늘 지척이었음을

선주사 뒷담 동백꽃으로 피고 진 천년 세월도
그저 한 순간이었음을

사랑하는 이들 사이에선
그저 지척이고 한 순간이었음을

선주사 동백 붉게 꽃 피어 깨우쳐 줍니다

그대에게 가는 먼 길
— 불국사

토함산 자락이 길을 치마폭 속에 감춘 종아리처럼 보일락 말락 풀어놓았다 감아 넣었다 하며 우리를 어느덧 불국의 영지로 끌어들인다 부처의 숨결이 가까울수록 토함은 내장 같은 길을 몸속으로 넣었다 내놓기를 거듭하다가 이윽고 몇 개의 층계로 가파르게 꺾어지며 세운 무릎 위로 우리를 비상시켜 아득할 즈음, 갑자기 눈앞이 밝아지며 청운교 백운교가 그대와 나를 대웅전 앞마당 다보탑 석가탑 앞으로 당겨놓는다

그대에 가는 길도 이와 같아 구불구불한 길을 끝도 없이 이어가다가 속 깊이 감춘 층계를 불쑥불쑥 내놓기도 하고 거둬들이기도 하며 올리기도 내리기도 바로 가게도 돌아가게도 하다가 갑자기 눈앞이 열리며 환한 관음의 새 지평으로 놓아주는 바로 그런 길이라 오늘도 길 위에 나는 서있다

그대에게 가는 먼 길
— 무지개

비 그친 뒤 떠오른 무지개

혼자 보기 아까워

먼 먼 그대 기다려, 가만히

하늘에 매어놓은 무지개

그대에게 가는 먼 길
— 해인사

그대 만나고 돌아오는 버스 안에서, 배웅하는 그대 뒤로하고 무한정 내려갑니다 모퉁이를 돌 때마다 첩첩 산들은 그대를 가두며 병풍으로 쳐집니다 무정한 차체는 울퉁불퉁 일어나는 길과 함께 그대 생각에 빠진 나를 덜컹덜컹 흔들어 깨우며 점점 멀리 점점 더 빠르게 떼어 놓습니다 그때마다 보이지도 않는 바람이 울고 골짝마다 피어오르는 안개는 뭉텅뭉텅 그대를 지워내는데 이승을 떠나는 물소리들은 악다구니처럼 나를 끌고 가려 저리도 시끄럽게 달려듭니다 그대와 나 전생에 무슨 죄업 크기에 첩첩 산과 골짜기, 개울물과 안개와 바람, 무심한 길바닥까지 우리를 갈라놓으려 안달하며 극성인지요! 언젠가 우리 사이를 가로막던 산, 물, 안개, 바람이 더욱 푸르러진 그대 내 앞에 내놓을 때 산과 물과 안개와 바람, 그리고 울퉁불퉁 일어서던 길바닥이야말로 그대를 고이 감싸준 연꽃 속잎들이 아닐는지요?

로마스

페루에서 칠레 북부로 긴 가지처럼 누운 전장 2천 킬로미터나 이어지는 아타가마 사막엔 지금 로마스가 피운 노란 꽃들로 장관을 이루고 있다고 한다 상상해 보라 세계적인 건조지대인 아타가마 사막이 꽃을 피우다니! 이는 태평양에서 피어오른 海霧가 2천 년 전 사막 속에 묻혀 잠든 인디안들 가축사료인 로마스 씨앗들을 깨워 급기야 노란 꽃까지 피워 소리 지르게 한 것이다 海霧란 바다안개를 이르지만 오랜 세월 사막 속에 잠들었던 죽음과 망각의 꽃을 오늘에 피워낸 것을 보면 극진한 바다의 애무 같은 것이 아니겠나? 그러니, 사막 깊숙이 미라처럼 잠든 씨앗들 일제히 발정하듯 꽃 터트려 고함지르고 그 노란 아우성이 뭉쳐 오늘 밤 보름달로 떠오른 것이다

사랑하는 순간 腦에는 불이 켜진다

사랑하는 순간 사람의 뇌에는 불이 켜진다고 한다(어찌 사람뿐이랴, 살아있는 모든 존재들이 그러리라)

'불 꺼진 창'같은 것은 없다는 것이다 눈 코 귀 입술 손가락 발가락 머리카락에까지 불이 켜지고 가슴에도 화톳불 같은 불이 타오르니 불과 불이 만나 더러는 화상을 입고 흉터를 남기기도 한다

그래서
밤마다 바람난 반딧불이의 꽁지에는
불이 달리고

사랑에 빠진 별들도 온몸이 뜨거워져
밤새도록 어둠을 지져대며
뻐끔 뻐끔 담배 피우는 것이다

접시꽃 피어 있는 곳

어디 계세요? 내 소녀가 물었다
접시꽃 피어 있는 곳에, 라고 내가 말했다
약속장소에는 한 가득 접시꽃들이
우리보다 먼저 와 피어 있었다
어두워가는 하늘 아래에서
소녀를 기다리는 동안
접시꽃들이 분주히 접시를 내놓았다
맛과 빛깔과 향기 속에
옛 기억 한 접시도 담아낸다
어느 땐가 장미꽃 피는 유월
나비 같은 소녀가 마당을 건너와
탁자 위에 접시를 내려놓았다
방울토마토가 방울을 울렸다
그 방울소리 듣고 있는데,
어디 계세요? 한 번 더 울리는 소리
언뜻, 깨어 뒤돌아보니
방울토마토 소리를 굴리며
어른이 된 그 소녀
20년을 건너 내 앞으로 왔다

사이

꽃과 나비 사이
아침과 저녁 사이
하늘과 땅 사이
그대와 나 사이
사이가 없다면
그리움도 없겠지
기다림도 없겠지
사이에 떠오르는
무지개도 없겠지

못 생긴 나무

참 볼품없는 나무였다 한 번도 눈여겨보지 않은 나무, 화려하게 핀 산수유니 벚꽃이니 목련에 비해 한 번도 딴죽을 걸거나 화두를 던진 적도 없이, 그저 몇 개의 가지를 하늘로 뻗었으나 그늘이라 할 만한 것이 없어 그 아래 쉬어본 적도 없는 나무였다

봄이 오니, 있는 듯 없는 듯하던 그 나무도 꽃을 피웠나보다 아파트 안, 화사한 살구꽃이며 술 취한 듯 도도하게 붉은 진달래며 세상을 물들일 듯 노랗게 핀 개나리 속에서 소리 없이 피었으니, 따로 눈 줄 일도 없었을 뿐

그러던 어느 날 밤, 어둠 속에서 둘레를 적시는 혼곤한 꽃향기에 놀라 두리번거리는데, 뜻밖에도 그 향기의 출처가 볼품없는 나무임을 알고 어쩔 수 없는 끌림으로 다가가 눈 감고 아득히 그 향에 취하게 하는, 아직 이름도 모르는 나무였다

아무도 눈 주지 않는 오랜 시간, 안으로만 침잠하며 꽁꽁 여며놓은 가슴을 비집고 나온 어쩔 수 없는 몸내가 저토록 간절하게 여울지다니! 청량한 그 향기에 심신을 맑히며, 무심을 부끄러워하다가 비로소 다정한 눈길을 보내게 하는 나무였다

꽃은 나무의 성기

번식과정에서 볼 때 개화는
식물의 달거리 즉 생리에 해당된다
그때 향기라 부르는 냄새가 나고
꿀이라고 하는 끈끈한 액체도 분비된다
곤충들이 유곽 드나듯 들락거리는 것은
그것이 일용할 양식이 되기 때문이지만
식물에겐 섹스가 되는 것이다
그러므로 꽃은 식물이 몸속에 은밀히 감추었다가
비로소 내놓은 내장된 성기라 할 만하다
그런데 왜 동물의 성기는 꽃이라 하지 않나,
암술과 수술처럼 은밀한 자리에 꽃 피어
서로를 수줍게 부르고 있는 그것을
왜 언제나 사람들은 욕으로만 부를까
나는 이제 동물의 성기도 꽃이라 하겠다
나의 예쁜 그것도 꽃이라 부르겠다

첫사랑

오늘도 첫사랑
내 사랑은 모두 첫사랑
열 번 스무 번 사랑도
오로지 첫사랑이려니
꼭 세상 처음과 같은 이 사랑
처음 만난 사람에 처음 느끼는
아침 같은 사랑
이 떨림! 이 눈부심!
그대를 향해 걸음마 하며
이제 막 망울로 맺히는
꽃봉오리 같은 이 사랑
소녀의 첫 생리같이 붉고
향기로운 내 사랑은
모두 첫사랑이고
언제나 첫사랑이니
오늘도 그대는 나의 첫사랑

3부

기차역에 간다

올 사람도 없는데 역에 가본다

보낼 사람도 없는데 역에 가본다

내 그리움 우는 기적소리 들으러

내 외로움 우는 기적소리 들으러

우차를 탄 여자

모퉁이를 돌아오는 달구지 소리
수탉이 암탉 위에 올라타듯
그 소리를 타고 호호호 굴러오는 웃음소리
모퉁이를 열고나올 풍경을 기다리며
담벼락에 붙어 서서 고개 돌린다
한 남자 순한 암소에 달구지 메워
근심어린 눈으로 모퉁이를 찢고 나온다
달구지에는 머리에 붉은 진달래 꽂고
가슴에도 가득 진달래 꺾어 안은 여자가
한 송이 꽃처럼 앉아 웃고 있다
해마다 봄이면 병이 도져
산으로 들로 꽃 꺾으러 다니는 여자
옛 남자 이름 부르며 아무나 보고 웃는
세상에서 가장 행복해 보이는 여자가
세상에서 가장 슬픈 남자가 끄는 수레를 타고
환궁하는 妃처럼 돌아오고 있다

길 건너는 女子

내 앞을 한 女子가 지나간다

정지선을 지키며 서 있는 차안에서
나는 길 건너는 女子를 바라본다
女子는 종아리를 드러낸 채 무심하게 지나간다

짧지도 길지도 않은 그 순간
영원의 세월이 흐르고
두 사람의 일생이 마주친다

女子는 그렇게 내 앞을 지나
영원 저쪽으로 가고
꿈에서 깬 듯, 나는 가던 길을 간다

그 여자 다리 붉어졌다

그 여자의 몸 밖으로
다리가 드러났다
무슨 음모 마냥
다른 부분은 정숙하게
은밀함을 숨기고 있는데
맨 다리만 옷 벗고 나와 있다
그 여자의 몸 안에서
세상 밖으로 나온 다리
하얗게 질린 채 지금
종종 걸음을 치고 있다
아주머니, 아주머니, 몸이 나왔어요
물 오른 무 같은 다리
한 입 베어 물었으면 하는데
바람의 혀가 먼저 핥고
길도 출렁거리고
하늘마저 무너져 내려오니
눈앞에서 종종거리던
그 여자 하얀 다리
마침내 부끄러움으로 붉어졌다

운주사 와불

운주사 와불 누워 있다
일어나 불국정토 이루기엔
수만 겁 오랜 세월
차라리 눈감고 누워 있기로 한다
홀로 누워 있기 뭐하여
예쁜 암부처 하나 뉘어 장가든다
바람이 옷자락을 펄럭이고
달빛 교교히 흘러들어
부처의 첫날밤을 깊게 하니
앙천 와불 일어날 줄 모른다
천년 세월 흐르며
새벽닭이 수수만 번을 울어도
한 번 이룬 잠 쉬이 깰 수 없고
꾸는 꿈 언제 끝날지도 몰라
운주사 누운 부처 아직도 첫날밤,
깊고 깊은 꿈속이다

숲 속의 식당

늘 오가는 길을 살짝 비켜나
숲으로 가는 길이 보이고
입새에 푸른식당이라는 간판이
화살을 쏘아대고 있어
언제 한 번 밥 먹으러 가야지
그러다가 마침 새로 사귄 여자랑
화살표 따라 들어갔네
길옆 자잘한 풀꽃들 눈에 들고
가벼운 설렘도 따라 왔지만
방금 입 맞춰 본 여자처럼
차맛도 음식맛도 특별할 게 없는
그저 그런 식당일 뿐이었네
숲 속의 가보지 않은 식당은
이제 세상에 없는 식당이네
더 이상 내게로 화살도 쏘지 않아
나는 식당 하나를 잃어버렸네
오랫동안 미지의 숲 속에서
내 마음 꺾어지게 하던,

한때 그리고 사진

나 한때 그대 사랑했었다
그 한때가 참 오래도 되어
마흔 살 고갯마루에서도 내 마음
그대 하늘에 걸리는 노을인데
그 한때 중 어느 하루
우리 인각사에 가 사진 찍었다
단체로 찍은 딱 한 장의 사진 속에서
천년 석불도 빙그레 웃고 있는데
나는 왜 사진 밖에 있을까
내 마음 너무 그대에 다가가
혹 사진 찍힐까봐서
짐짓 사진 찍는 사람이 되었을까
사진은 있어도 사진에는 없는데
눈으로는 안 보이는 그 자리에
그대와 손잡은 나도 서 있어
사진기만 사진 찍는 게 아니고
마음도 사진 찍는다고
볼 때마다 그러네, 그 사진은!

산호랑나비 한 쌍

산길에서 산호랑나비 한 쌍 만났다
동물도감에서 풀려져 나와
제 自然으로 돌아온 것이리라
도감 속에서가 아니라
제 놀던 本色으로 만난 한 쌍인지라
등산로 따라 오르는 내 걸음 앞뒤로
두 놈이 희롱하며 넘나든다
앞서거니 뒤서거니
얼마나 열심히 붙는지
나 같은 건 안중에도 없다
세상사 모두 잊고 붙었다 떨어졌다
오로지 열락에만 빠져 있어
이게 바로 근본 아니겠나 싶다
아서라, 세상사 모두 여기서 시작이니
삼라만상 저 열심과 집중 앞에 옷깃 여미고
모두 한 발 물렀거라,
지금 우주를 창조하는 중이시니!

모가지

오늘도 내 목은 외로워
(모가지로 꿈을 꾸다니…)

깊어 가는 그리움을 교수할
밧줄이 그립다

강둑에 앉아 너를 기다리다

강둑에 앉아 너를 기다리는 동안
강물은 푸르게 흐르고
나는 강변 모래처럼 늙어간다
이 강을 따라 가면 칠 백리
굽이굽이 날은 저물고
우리 사랑도 마침내 저물리라
우리의 인생도 그렇게 흐르는데
오지 않는 너를 기다려
나는 흐르지도 못하고 둑이 되어 누웠다
눈부신 사구가 받아 뉘는
등 반짝이며 흐르는 강물처럼
내 꿈꾸는 사랑도 함께 흐르는 것인데
너는 아직도 아득한 상류인가
그래도 마른 가슴 채우며
한 번은 푸르게 흐를 너를 기다려
네가 올 강변에 시를 쓴다
출렁이며 강물은 흐르고
모래처럼 부서지며 나는 늙는다

목신의 오후

유아원에 다님직한 아이를 업고
목덜미로 뻘뻘 땀 흘리며
땡볕 속을 네가 달려온다
이마에 파르라니 솟은 정맥에서
쿵쿵 뛰는 네 심장 소리 들으며
그것이 쿵쿵 세상을 치다가
이윽고 견고하게 빗장 지른
내 가슴을 두드리는 것이다
너는 그렇게 늦지 않게
내게 닿으려고 달려와
이 골목 저 골목을 기웃거리고
목신의 오후 찻집
금간 유리창으로 지켜보며
나는 생각는 것이다
너는 누구 아이를 이승까지 업고 와
낯선 시간 속을 헤매고
너무 환해 이승 같지 않은 골목을
세상 처음 오듯 걸어오는지
나는 왜 네 목신이 되어
백 년 동안 널 기다렸다고 생각하는지
스스로에게 묻고 물어보는 것이다

매미사랑

나무에 눌러 붙어 매미가 운다
귀 막고 눈 막고 푸를 뿐
나무는 꿈쩍도 하지 않는다
그럴수록 떼쓰는 아이처럼
매미는 더욱 시끄럽게 운다
매미 울음 뜨겁고 애절해
마침내 빗장 풀어 가슴 연 나무
매미 소리 안아 들인다
이제 여름내 우는 건 나무이다
나무의 푸른 울음뿐이다
어쩔 것인가, 가령
한 계집이 한 사내에 와서
저토록 절절하게 울어 쌓는다면
돌 같은 그 사내 팔 벌리고 가슴 열어
마주 안아 울지 않고 어쩌랴!
그로 인해 단풍 들고 낙엽 져
겨울이 온다한들 어쩌랴!

4부

남은 날들은 아름다워야 한다

아내가 들고 온 이혼장에
내 막도장을 찍어주며
지난 20년은 아름다웠다고 말한다
그 고마운 20년 세월이 있어
살아갈 남은 날들 무겁지 않다고 말한다
좋은 날일수록 빨리 저물 듯
우리의 연도 끝낼 때라고 주억거리며
이번엔 진짜 행복하게 살라고 말한다
긴 겨울 지나면 꽃 피는 봄날이듯
일생 중 한 번은 행복해야 하고
무엇보다 남은 날들은 아름다워야 한다고 말한다
내가 아니라 슬프지만 사람은 누구나
사랑하는 사람과 살아야 한다고도 말한다
진실한 사랑은 영원하다지만
함께 한 20년은 영원과 진배없다며
이제 내 생각은 말고 부디 행복하라고 말한다
붉게 지는 저녁놀 바라보며
다시 한 번 지난 세월 고맙다 하며
마지막 핏빛 인사를 붉게 찍는다

버스를 타고

나는 누군가 기다리고 있다
이윽고 버스가 왔지만
그는 내리고 비워 둔 자리만 남아
낯설지 않은 온기로 나를 맞는다
그가 잡았을 손잡이
그의 손을 잡듯 잡으며
그가 얼마나 따뜻한 사람인지 느낀다
그가 기댄 등받이가 등인 양 기대며
그가 지었을 미소를 짓는다
차창에 떠오르는 저녁별의
수심도 함께 읽으며
흔들리는 그를 따라 흔들리다가
나도 누군가를 위해
나를 남겨두고 버스에서 내린다
그리고 이 하루, 내가 만난 모든 이에게 인사한다
당신과 함께 한 나, 오늘도 참 따스했습니다

모르는 사람과의 인사

저녁답에 모르는 사람과 인사했다
뭐 다른 일은 없었다
산에 오르기 위해 올라가고
한 여자 길 따라 내려왔다
나도 그도 챙이 긴 모자를 썼다
동류항이 있었다면 오로지 그뿐
길 옆 소나무 밑을 지날 때였다
서로 안 본 체하면서 보았는지
그녀가 가벼이 목례를 했다
나도 얼른 목례로 답했을 뿐인데
무슨 일이라도 있었던 것처럼
갑자기 공기가 뜨거워지고
주변이 수런거리더니
매미가 울음을 뚝 그치고
그늘마저 이리저리 흩어진다
그냥 스치며 목례한 것, 그뿐인데
손목을 잡거나 눈을 맞춘 것도 아닌데
무슨 은밀한 일이라도 있었던 것처럼
수상쩍어 하는 것은 웬일?
이놈들이 귀신 찜해 먹었나
나도 모르는 일을 어찌 알까
내 몸의 피 흐름이 좀 더 빨라지고

스치며 가는 길이 환해졌고
그녀 귓불이 조금 붉어졌을 뿐인데
아카시아 꽃향기 더 진해졌을 뿐, 그뿐인데…….

저녁에는

저녁에는 별들도

외로움으로 불 밝히고
그리움으로 반짝인다

저녁에는 돌아와
별이 되는 사람들도

외로움으로 불 밝히고
그리움으로 반짝인다

맨발

몸 안에 이는 바람 앉히고
내 옆에 앉은 누님 같은 여자
세운 무릎 아래로 맨발이 나왔다
끝자락에 찍힌 발가락들
얌전하게 모여 눈감았다
어떤 감촉과 기억을 떠올리고 있을까
호, 입김 불면
분홍색으로 되살아나는 추억들
저마다 기억의 회로를 따라
꿈틀꿈틀 기어갈 것만 같다
첫 걸음마 때의 빛나던 아침과
아장거리며 나비 쫓던 나절
발톱에 봉숭아 물들이며
기다림을 시작하고
연인을 만나러 가던 밤길의 이슬까지
아롱지는 추억들 따라가다가 보면
한 생을 끌고 온 맨발을 마중하게 된다

다시금 정처를 찾아
고개 내미는 맨발

밝은 저녁

저녁에 해지고 난 뒤
어두워지던 날이 더 이상 어두워지지 않고
도로 환하게 밝아오던 일, 또 그런 순간
사람들은 생각하는 것이다
지상에 무슨 특별한 일이 있어
해님이 잠깐 걸음을 멈추었구나!
말하자면 한 생명이 세상에 오고 있거나
한 생명이 세상을 떠나고 있어
어두운 길을 좀 밝게 하려는 것이거니…….
일생 중 가장 재미있게 노는 아이들 놀이를 위해
해님은 집에 좀 늦게 가고
더러는 도로 올라오기도 하는 것이니
그럴 때는 저녁이 낮보다 더 환해
전생이나 후생의 어느 때처럼 느껴지며
둥지를 찾는 새들도 숨을 돌리고
들의 곡식들도 과외로 조금 더 자랄 수 있다
이 세상에서 가장 못나, 아름다운 신랑신부가
백년가약을 위해 막 혼례청에 오르고 있거나
아니면 누군가 오랜 이별을 위해
노을 진 강가에서 손 놓지 못하고 있을 때
해님은 낮을 좀 더 늘이는 것이다
그런 날은 하루가 24시간을 훌쩍 넘겨
스물다섯, 여섯 시간이 되기도 하는 것이다

모과 꽃을 따오다

그대가 따온 산모과 꽃
흰 꽃잎에 번지는 붉은 빛이 아련하다

속이 훤한 유리병 속에
그 마음처럼 들어 있는 꽃

세상 속으로 첫 나들이한
산골 처녀처럼 수줍지만
정작 먼저 핀 것은 그대일 것이다

겨우내 꽃눈을 틔우며 떨고 있다가
마침내 활짝 부풀어 터져
제 자취를 따듯 따온 것이리

곤고한 시절, 유리병을 뚫고 나온
맑고 투명한 색이 타는 듯 뜨거워

이윽고 내 마음 덴다

桃李寺에 간 까닭

그날 그대와 내가 도리사에 간 것은
마주보아야 꽃 피고 봄을 만드는
전설 속의 桃李처럼
우리도 세상 기슭에
복숭아나무와 오얏나무로 마주서서
꽃 없는 겨울에도 꽃을 피우며
한 세상 차리고 살자는 뜻인지,
2천 년 전 고구려 승 아도가
냉산 밑을 지나다가
겨울인데도 만발한 복숭아꽃과 오얏꽃을 보고
부처님 공덕 기리는 도리사를 지었듯
우리도 가슴에 절 하나 지어
부처님 공덕 기리며 살자는 뜻인지,
우리가 전생에 여러 번 만난 적 있어
어쩌면 바로 그 냉산의 도리일지도 모르는데
그 오래된 인연이 우리를 불러내
다시금 새 인연 시작하라는 뜻인지,
이도 저도 아니라면
이제 해마다 피고 지던
그 오래된 인연 풀고
극락전 앞마당 부처님 살비듬 같은
모래로 섞여 부서지자 함인지,

이제는 영영 모습조차 버리고
풍경 속에 잠든 소리나 되어
한 겁에 한 번씩 깨어 울라는 것인지,
그날, 그대와 내가 도리사에 간 것은
그저 한 우연한 걸음이었는지
그것마저 아니라면, 한갓
봄날 꿈속의 일일 뿐이었는지!

가을 산에 오르다

간밤에 진
노란 솔잎들을 밟으며

산으로 오르는
내 발이 행복해 한다

모퉁이를 돌자
들국 몇 송이
환하게 피어 웃고 있다

내 마음 어둔
모퉁이를 돌 때마다

환하게 피어
웃고 있는 그대

그 웃음 속으로 지나는
내 生을 언뜻 본다

장미

잎사귀와 줄기의 푸름
견고하다, 틈새가 없다
절벽이고 요새다
제 몸을 멍들도록
꽁꽁 묶었다
푸름이 목을 조르나
가시까지 새파랗게 질렸다
캑! 캑! 캑!
숨넘어가던 장미
참고 참은 숨을 토하며
기침을 한다
캑, 캑, 캑, 캑, 캑, 캑,
객혈이다
푸름을 찢으며
심장에서 뿜어지는
붉은 핏덩이들!
그렇게 장미 피어
온 세상에 뜨겁다

산불

산에 불났다
실화도 방화도 아닌 자연발화!
저절로 불난 것인데
이 좋은 봄날, 산이
얼마나 애단 일 있었으면
속불이 겉불로 번졌을까
공무원이 달려오고
민방위대가 소집되고
119 헬기가 날아와
물을 퍼붓고
소나무 가지 꺾어
신들린 사람 귀신 쫓듯
사랑에 눈먼 산 두드리며
한바탕 법석을 떨고 난 뒤, 불이 꺼졌다
불은 꺼지고, 불탄 자리만 남았다
시커멓게 불탄 자리
산의 가슴자리인가
아직도 미련이 남아
모락모락 연기가 난다

유적

우리나라 방방곡곡 유적 아닌 곳이 없다

해마다 봄이면 팔공산 왕산 자락 신숭겸 장군 순절단 근처에는 오동나무들이 그루, 그루, 꽃을 피운다 고려 왕건의 군대와 후백제 견훤의 군대가 건곤일척으로 맞붙은 공산전투, 몇날 며칠 핏물 지며 주검이 산을 이룬 자리 곳곳에 오동나무 솟아올라 유곽을 열어 오늘에 이르렀다

찔려 죽고 베여 죽고 밟혀 죽고 고꾸라져 죽은 수많은 병정들 위해 주인 잃은 처첩과 여자들 모여들어 보라색 꽃등 달고 몸을 판다 수만 마리 벌들로 찾아온 넋들 살 냄새 분 냄새에 기갈을 풀며 피 냄새를 지우고…….

우리나라 방방곡곡 유적 아닌 곳이 없다

해설

사랑을 사랑하는, 그 아름다움의 동력

이승희 시인

사랑을 사랑하는, 그 아름다움의 동력

이승희 시인

박방희 시인의 시집 『복사꽃과 잠자다』는 연시집이다. '연시'는 "남녀간의 사랑에 관한 내용을 중심으로 하여 쓴 시"라고 사전적으로 정의된다. 시인으로 살면서 평생에 정말로 근사한 연애시 한 편 남기고픈 욕망은 모든 시인들이 갖는 생각이고 보면 부러움이 앞선다. '연시'는 쉬워보이면서도 실제 쓰는 일은 참 어렵다. 특히, '잘' 쓰는 일은 더 어렵다. 그 경계를 잘못 디디면 자칫 상업성 논쟁은 물론 문학적 성과도 폄하되거나 평가절하되어버리기 십상이기 때문이다. 그것은 그동안 우리 한국시에서 소위 베스트셀러라고 불리는 상업적 연시집에서 흔히 볼 수 있는 문제점들을 통해서도 알 수 있다. 그런 문제점들이란 상당부분 시적 수련의 흔적보다는 어설픈 감상이 넘쳐나고 있다는 것이다. 실제, 그런 값싼 감상으로는 우리의 삶을 치유하거나 변화시킬 수 없다. 또한 사랑은 참으로 아름다운 것이고 이별은 대단히 슬프다는 식의 통속적인 이야기는 우리네 보편적 삶을 반영하지도 못할뿐더러, 사랑에 대한 진정한 의미의 성찰을 보여주지 못하기 때문이다.

그러나 박방희의 연시는 애초부터 그런 상업성 따위에는 관심이 없다. 그의 시를 보면, 시인 자신이 아니면 알 수 없을, 그러니까 실제 시인의 체험이 담긴 시라고 생각되는 정서와 시적 정황으로 이루어져 있다. 더 나아가 많은 시편들에서 사랑의 원형에 대한 담론을 생각하게 한다. 하지만 그 전체를 관통하는 것은 분명히 어떤 대상에 대한 지극한 사랑의 감정임은 분명하다.

시인은 이번 시집을 통해 사랑과 이별 또는 고독이라는 인간 존재의 근원적인 문제를 집요하게 다루고 있다. 그것은 그의 시가 '연시'라는 형태를 띄면서도 그 속에 담긴 삶의 미학은 단순히 이성 사이의 감정적 기복을 다루는데 그치지 않고, 사랑의 진정한 의미에 대해 진지한 성찰을 요구하고 있기 때문이다. 사랑이 갖는 아름다움과 슬픔의 감정적 무늬를 넘어서 우주와의 합일을 꿈꾸는 시인의 시적 세계는 보다 근원적인 삶의 질문으로 향하고 있다.

'사이'라는 거리 혹은 사랑이라는 관계 맺음

모든 사랑은 오해에서 시작되고 오해에서 끝난다고 믿는다. 그리고 그런 오해로 인해 사랑은 아름다워질 수도 있고 끝나지 않을 수도 있으며, 하무하게 끝나기도 한다. 사랑한다는 것은 나에게 사랑할 어떤 대상이 있음을 전제하고 있다. 내가 사랑하는 그 대상과 나 사이에는 수만 가지로 이어진 길이 있고, 수만 가지의 이유로 이어지지 못할 길도 있다. 좋고 나쁨의 문제가 아니라 무엇이든 이어진 길을 온전히 가는 것 혹은 대상과 나 사이의 그 길을 잇기 위하여 걸어가는 과정이 사랑의 모습

일지도 모른다.

그러나 내가 사랑하는 어떤 대상은 어쩌면 실제의 그 대상이 아니라 그 대상이 반영된 내 마음 속의 대상이다. 모든 사랑이 오해일 수밖에 없는 것이 그 때문이다. 물론 그 오해는 사랑의 다른 이름이기도 하다. 결국, 문제는 대상과 나이기도 하지만 대상과 나 사이에서 생겨나는 일들이다. 삶이 그렇지만 사랑 또한 그 관계성의 이야기다.

꽃과 나비 사이
아침과 저녁 사이
하늘과 땅 사이
그대와 나 사이
사이가 없다면
그리움도 없겠지
기다림도 없겠지
사이에 떠오르는
무지개도 없겠지
—「사이」 전문

어떤 완벽한 사랑일지라도 나와 대상이 온전히 하나로 합쳐질 수는 없다. 마음의 어떤 합일도 합일이라고 믿는 것에서 비롯되는 것일 뿐, 실제 하나일 수는 없다. 그렇다면 우리는 그 사이에 집중해야 하고 그 사이가 사랑의 존재임을 알아야 한다. 이 시는 그런 성찰을 담고 있다. 그것은 우리 사람만의 문제만이 아니다. 세상 모든 만물의 이치가 그렇기도 하다. 사랑이 끊임없이 어떤 과정 속에서 존재할 때 그것으로 지속되는 것이지, 어떤 끝이라는 게 없다. "그대와 나 사이/ 사이가 없다면/ 그리움도 없겠지/ 기다림도 없겠지/ 사이에 떠오르는/ 무지개도 없겠지"처럼 나와 대상 사이에'사이'가 없다면 사랑은 시작되지 못한 것이거나 이미 끝난 것이다. 그러나 우리는 그런 과정을 '과정'으로 인식함으로써 그것을 넘어서는 어떤 곳에 도달하고자 한다. '사이'가 과정이라면 분명 그 과정의 끝에 있을 어떤 '합일'에 대한 마음이다.

과도는 멀찌감치 치워 버렸습니다 맨살의 합일만이 아름다울 것입니다 먼저 매끄러운 살갗의 감촉과 손안 가득 차오는 풍만감을 취하고 코끝으로 전해오는 과육의 풍미와 향기를 마시며 덥석, 한입 깨물었습니다

이제 사과가 나를 취할 때입니다 나도 내 몸의 세포들을 열어 사과를 받아들입니다 내 입안으로 들어와 천천히 몸속으로 퍼져 나가며 사과가 나를 먹는 동안, 사과 속에 깃든 태양과 바람, 달과 별, 구름이 따라 들어와 내 안의 우주가 충만해집니다

그 순간, 내 몸은 사과의 살과 즙으로 향긋하게 차오르며 보름달처럼 환해졌습니다 이제 나는, 사과와 내가 내 안에서 온전한 일치를 이루어 한 몸이 되었음을 깨달으며 서서히 사과가 꾸던 꿈을 꾸기 시작합니다

— 「사과를 먹다」 부분

나는 사과를 먹고, 사과는 나를 먹는 행위를 통해, 시인은 "사과와 내가 내 안에서 온전한 일치를 이루어 한 몸이 되었음

을 깨달으며 서서히 사과가 꾸던 꿈을 꾸기 시작"한다. 여기서의 합일은 "사과가 나를 먹는 동안, 사과 속에 깃든 태양과 바람, 달과 별, 구름이 따라 들어와 내 안의 우주가 충만"해지는 것으로, "사과와 내가 내 안에서 온전한 일치를 이루어 한 몸이 되었음을 깨달으며 서서히 사과가 꾸던 꿈을 꾸기 시작"하는 것이다. 그리하여 같은 꿈을 꾸는 것, 시인은 사과 한 알을 먹으며 그런 우주적인 합일을 이룬다. 그러나'합일'은 그것으로서 어떤 과정의 끝이 아니다. 그것조차도 하나의 과정이며, '완성'은 그러한 무수한 과정의 연속이다. 세상의 어떤 '끝'도 "끝"에 이르는 순간 이미 끝이 아니듯이, 나의 바깥이었던 그 모든 바깥들도 내가 닿는 순간, 이미 바깥이 아니듯이 말이다. 다만 여기서 주목할 것은 대상에 대한 시인의 자세에 있다. '맨살의 합일'이 그것이다. 덧씌어진 어떤 것도 없이 대상을 바라보고 대상에 다가가는 모습, 이것이 시인이 생각하는 사랑의 자세라는 점이다. 덧씌워지거나 감춘 것이 없다는 것은 그만큼 순정하다는 것이다. 그 '사이'를 걷는 데 있어서 이것만큼 정직한 방법은 없을 것이다. 결과가 아니라 과정으로 충실한 것, 그럼으로써 얻어지는 합일이기에 시인은 같은 꿈을 꿀 수 있는 것이다.

> 사랑을 느낀 수사마귀 한 마리가
> 암사마귀에게로 다가갔습니다
>
> 그 뒤는 아무도 모릅니다
>
> —「죽어도 좋은 사랑」 전문

어쩌면 사랑은 '함께 망하는 것'일지도 모른다. 아니 함께 망해도 좋다고 생각하는 것이겠다. 어떤 결과를 미리 생각하지 않는 것, 그것은 앞서 시인이 '맨살'로 다가갔듯이 그 결과 또한 과정에 따른 어떤 것이든 받아들일 준비가 되어 있다는 말이기도 하다. 무모함은 때로 그래서 아름다운 게 아닌가 싶은 것이다. 그래서 어쩌면 사랑에 빠진 자는 항상 패자일 수밖에 없다. 내가 아닌 상대가 우선되기 때문이다. 그리고 그로부터 사랑의 숙명적인 정체라 할 기다림이 시작된다. 그리고 기다림은 대상의 부재로 이어지고 우리는 그 속을 떠돈다. 그 속에 갇힌다.

부재 속을 걷는 것, 부재를 살아가는 일, "부재"가 "있다"

사랑의 '부재'는 남아 있는 자의 몫이다. 떠나는 자에게 부재란 없다. 사랑에 대한 담론은 거의 대부분이 '부재'에 대한 것들이다. 존재했던 대상이 사라지기도 하고, 마음 속의 대상을 끝없이 기다리기도 한다. 마치 부재로 인한 괴로움이 사랑인 듯, 그렇게 '부재'를 살고, 그렇게 부재가 '있다'.

> 나는 누군가 기다리고 있다
> 이윽고 버스가 왔지만
> 그는 내리고 비워 둔 자리만 남아
> 낯설지 않은 온기로 나를 맞는다
> 그가 잡았을 손잡이
> 그의 손을 잡듯 잡으며
> 그가 얼마나 따뜻한 사람인지 느낀다

그가 기댄 등받이가 등인 양 기대며
그가 지었을 미소를 짓는다
차창에 떠오르는 저녁별의
수심도 함께 읽으며
흔들리는 그를 따라 흔들리다가
나도 누군가를 위해
나를 남겨두고 버스에서 내린다
그리고 이 하루, 내가 만난 모든 이에게 인사한다
당신과 함께한 나, 오늘도 참 따스했습니다
—「버스를 타고」 전문

기다림은 부재하는 대상을 향한다. 그리고 그 대상은 사랑하는 사람에게는 전부가 되기도 한다. 전부로 계속해서 부풀려진다. 그래서 기다림은 아무 것도 정해진 것 없는 불안의 상태이며, 부풀려진다. 그리고 이 불안은 '부재'가 계속되는 한 역시 멈추어지지 않는다. 하지만 시인은 그런 부재를 이겨내야 할 무엇이 아니라 흐르는 하나의 과정으로 인식한다. '부재' 속에서도 온기를 느끼고, 그 온기를 통해 대상을 추억하고, 대상에 다가선다. 박방희 시인의 시가 값싼 감정에 머물지 않고, 이를 좀 더 큰 사랑의 미학을 이해하는 세계로 이끌어가는 것이다. "그가 지었을 미소를 짓"고, 나아가 "차창에 떠오르는 저녁별의/ 수심도 함께 읽으며/ 흔들리는 그를 따라 흔들"릴줄 아는 것이다. '부재'속에서 온통 자신을 잃고마는 게 아니라 '부재'마저도 대상에 대한 사랑으로 승화시킴으로써, "나도 누군가를 위해/ 나를 남겨두고 버스에서 내"릴 수 있는 것이다. 시인의 또다른 '부재'의 모습을 보자.

올 사람도 없는데 역에 가본다

보낼 사람도 없는데 역에 가본다

내 그리움 우는 기적소리 들으러

내 외로움 우는 기적소리 들으러

—「기차역에 간다」 전문

나는 기다린다. 그것이 하찮은 것이든 무엇이든 기다림 그 자체는 매우 엄숙하고 신중하다. 기다린다는 것은 스스로에게 내리는 형벌일 수도 있고, 사랑으로서의 즐거움일 수도 있다. 기다린다는 것, 그것은 이미 그것이 무엇이든 어떤 대상을 품고 있다는 말이다. 그런데, 시인은 "올 사람도 없는데 역에 가" 보고, "보낼 사람도 없는데 역에 가"본다. 부재의 대상이 없다고 말한다. 그래서 시인이 듣는 것은 "내 그리움 우는 기적소리"이고, "내 외로움 우는 기적소리"이다. 그렇게 대상도 없이 기다림이 있고, 그리움이 있다면 '부재'하는 대상은 무엇일까. 그것은 시인이 사랑하는 대상이 특정한 어떤 인물이기보다는 기다리고 그리워하는 것이 삶 자체로 향하고 있다는 말이다. 그것은 실제 어떤 대상의 부재라기보다는 그러한 대상을 통해 삶의 에너지를 얻고, 그것으로 다시 대상을 그리고, 꿈꾸면서 살아가는 무한 동력을 얻을 수 있다는 말이다. 혹여 특정한 어떤 대상이라 할지라도 이것은 달라지지 않는다. 시인이 세상이라는 대상 혹은 특정한 어떤 대상이나 사람이라하더라도 그가 사랑하는 근본적인 그 무엇에 대한 진지하고 내면의 성찰을 통해 자기화하는 과정이기도 하다.

어디로든 가는 것, 그것이 어디든

'사랑'의 감정에 대해 다 알 수는 없지만 하나 분명한 것은 제도나 규범 등 정해진 원칙을 따르는 것은 아니라는 것이다. 삶의 방식에 있어서도 마찬가지다. 사랑은 우리가 알고 있는 삶의 방식으로부터 벗어나 있다. 그렇다면 이는 얼마나 멋진 일인가? 그것이 전 생을 바치는 사랑이든 타인에 의해 가벼운 사랑으로 치부받았던 사랑이든 모두 그렇다. 우리는 왜 늘 여행을 떠나고 싶어하는 걸까. 익명의 자유로움으로 떠돈다는 것, 그러면 그것으로 죽어도 좋다고 느낄만한 '자유'의 느낌 때문이라고 한다면 사랑의 감정은 그런 익명성조차도 넘어설 수 있는 열정이다. 그리고 열정은 그 자체로는 순정이다.

세상에서 도망치고 싶을 때 우리는 차를 몰아 헐티재를 넘곤 했다 헐티재는 세상을 버리는 곳, 세상의 금기들이 더 이상 따라올 수 없는 소도처럼 금줄 친 곳, 세상을 떠나는 하늘 나루터 같은 곳이었으니…… 굽이굽이 몇 굽이 감아 오르고 다시 가파른 두어 굽이 솟아오르면 마침내 이 세상을 넘듯 넘을 수 있는 헐티, 둥실둥실 구름이 되고 달이 되고 별이 되어 저어갈 수 있는 곳, 그 너머 허브캐슬이 있고 밀다원이 있고 풍경소리 적요한 용천사도 있어 바람과 구름과 하늘이 쉬러 오는 또 다른 세상이니…… 뒤돌아보면 까마득히 주저앉은 세상, 참 우리가 높이도 올라오고 멀리도 떠나왔어라 우리의 생도 이쯤 왔을 테지, 등 뒤로 흘러가는 길 바라보며 이제 우리에게 희망이 있다면 돌아가는 길을 잊든지 잃어버리든지 둘 중 하나이라고 말하곤 하던…….

—「헐티재를 넘다」 전문

사랑이 아름다운 것은 어떤 시스템에 의해 움직이는 것이 아니기 때문이다. 그리하여 때로는 아주 낯선 곳에 다다르기도 한다. 그것이 때로는 사회적 금기를 가볍게 넘어서게도 하고, 어떤 한 세상을 건너가기도 한다. 그러나 분명히 어디선가는 자신을 돌아보는 시간을 맞게 된다. "등 뒤로 흘러가는 길 바라보며 이제 우리에게 희망이 있다면 돌아가는 길을 잊든지 잃어버리든지 둘 중 하나"인 것이다. 그러나 이 양자택일의 고요한 격렬함조차도 여전히 사랑에 있어서는 진행형일 뿐이다. "한 꽃이 지고 나면 다른 꽃 열리듯,/ 그대와 나, 그렇게 세상에 문 닫고 들어와 앉으면 또 한 세상 새로 열리는 것"(「이 세상에 없는 곳」)임을 알기 때문이다.

난리를 피해 食率을 이끌고 들어와 하늘 잠그고 땅 잠그고 마음 잠그고 산 3백년이 하루와 다르지 않았다 한세월 한마당 한 하늘 한 사람이었다 홰를 치는 수탉이 어느 해의 나절을 울자, 2백년을 흘러온 희미한 물소리가 귀를 간질인다 하늘에 금을 치는 비행기는 금세 다른 세상으로 날아가 過去가 되고…….

한 꽃이 지고 나면 다른 꽃 열리듯,
그대와 나, 그렇게 세상에 문 닫고 들어와 앉으면 또 한 세상 새로 열리는 것을!

—「이 세상에 없는 곳」 부분

“달성 조길방 가옥 가는 길은 最頂山 줄기 6부 능선쯤 어디에서 갑자기 길을 버리며 이 세상 처음인 곳으로 들어간다”로 시작되는 이 시는 그가 꿈꾸는 이상적인 곳이라고 할 수 있다. “山은 그렇게 시침 뚝 떼고 완벽하게 속을 닫고 있어, 한 번도 당도하지 못한 길을 그 안으로 감추고 있었던 것”이다. 이러한 발견 또한 사랑의 여행길에서 찾아낸 것이다. 사랑의 감정은 이렇게 창조적이며, 이 삶에서의 결핍과 절망에 대한 해법을 단번에 제시하기도 한다. 이처럼 박방희 시인의 전체 시편들에 나타나는 사랑의 감정은 삶에 대한 진지한 성찰에서 비롯된 근원적 관계와 사랑에 대한 결핍과 목마름의 열정이 가득하다. 그러나 그러한 열정은 결핍이면서 동시에 자신을 살아가게 하는 하나의 동력이 되고 있다는 점을 주목해야 한다. 「낯선, 낯설지 않은 골목」, 「유등연지에서」, 「헐티재를 넘다」, 「백내」, 「그대에게 가는 번 실」, 「숲 속의 식당」 등 여러 시편들에서 나타나는 구체적이고도 실제적인 정황을 보면 시인은 실제 그러한 사랑의 기억을 갖고 있다고 볼 수 있다. 그러나 더 중요한 것은 그런 사랑의 모습들 자체라기보다는 그런 과정들을 통해 어떤 사랑의 대상을 대하고, 만나는 시인의 자세에 있다. 이를 통해 박방희 시인의 연가는 감정의 풀이가 아니라 어떤 문학의 품격을 획득하게 되는 것이다.

들머리에 있는 「시인의 말」을 보면 “나는 이 세상 누군가를/ 끊임없이 사랑했다/ 아는 사람은 물론/ 모르는 사람도 사랑했고/ 죽은 女子들과 함께/ 아직 세상에 태어나지 않은/ 少女들도 사랑하여/ 하늘에 대고 告白하곤 하였다/ 그때마다 저녁놀 붉게 피어/ 내 사랑처럼 천천히 저물었다"고 고백하고 있다. 시인에게 있어서 사랑의 감정이 곧 삶을 살아가는 동력임을 알 수 있다. 그것은 사랑이 단순한 사랑의 문제임을 넘어서 삶으로 향하고 더 나아가 우주적 합일을 꿈꾸는 연가임을 더불어 알 수 있다. 어쩌면 시인의 '연가'는 끝나지 않을지 모른다. 아니 분명 그러할 것이다. 시인에게는 그것이 곧 삶이고, 삶을 견디는 아름다움이자 동력이기 때문이다.

박방희

박방희朴邦熙 시인은 경북 성주 출생하여, 1985년부터 무크지『일꾼의 땅』,『민의』,『실천문학』 등에 시를 발표하며 작품활동을 시작했다. 시집으로는『불빛 하나』,『세상은 잘도 간다』,『정신은 밝다』가 있고, 이밖에도 몇 권의 동시집과 시조집을 출간한 바가 있다.

박방희 시인의 네 번째 시집인『복사꽃과 잠자다』는 연시집이며, 그는 이번 시집을 통해 사랑과 이별 또는 고독이라는 인간 존재의 근원적인 문제를 집요하게 다루고 있다. 그것은 그의 시가 '연시'라는 형태를 띄면서도 그 속에 담긴 삶의 미학은 단순히 이성 사이의 감정적 기복을 다루는데 그치지 않고, 사랑의 진정한 의미에 대해 진지한 성찰을 요구하고 있기 때문이다. 사랑이 갖는 아름다움과 슬픔의 감정적 무늬를 넘어서 우주와의 합일을 꿈꾸는 시인의 시적 세계는 보다 근원적인 삶의 질문으로 향하고 있다.

이메일 : pbh0407@hanmail.net

박방희 시집

복사꽃과 잠들다

발　　행 2016년 5월 15일
지 은 이 박방희
펴 낸 이 반송림
편집디자인 김지호
펴 낸 곳 도서출판 지혜
계간시전문지 애지
기획위원 반경환 이형권 황정산
주　　소 34624 대전광역시 동구 선화로 203-1 2층 도서출판 지혜 (삼성동)
전　　화 042-625-1140
팩　　스 042-627-1140
전자우편 ejisarang@hanmail.net
애지카페 cafe.daum.net/ejiliterature

ISBN : 979-11-5728-183-1 03810
값 9,000원